아마, 토마토

조연수 시집

문학의전당 시인선
166

아마, 토마토

조연수 시집

문학의전당

시인의 말

짧은 통증이 지나는 길마다
연두가 자랐다.

연두를 쫓아 여기까지 왔다.

2013년 시월
조연수

차례

시인의 말

제1부 웃는 뱀

피어싱과 함께　13
유령 식사　14
나는 K가 아니다　16
웃는 뱀　18
오랜 시간 바나나　20
어젯밤 이야기　21
처절한 정원의 상상　22
구토　24
구두 장례식　26
나비는 날아야 한다　28
낙타 등에 물고기를 태우고　30
나의 왼쪽을 쓰다듬는 일　32
낡은 모자처럼　34
내가 없는 오후　36

제2부 아마, 토마토

오후 두 시쯤   39
아마, 토마토   40
뿌리 자라는 의자라니   42
축 축축 축축축   44
아직   45
첫눈이 오는 전의역   46
거울의 착각   48
상처투성이 원숭이가 자라네   50
붉은 유년기   52
맨드라미와 엄소   53
주차금지   54
달팽이의 착각   56
엄마의 연애   58
소를 끄는 소크라테스   60

제3부 슬픈 낮잠

비자림에서 건배를   63
정기검진   64
사거리 고물상   66
제비꽃 날다   68
천장의 꿈   69
비릿한 균열   70
무덤을 날고 있는 반딧불이   72
침착한 균열   74
착한 샐러리   76
국화빵아 달려라   77
13월 32일   78
하우스에 불을 켜요, 언니   80
슬픈 낮잠   82
임플란트   84

제4부 관계없는 관계

기억이 사라졌다　87
변명하기 오 분 전　88
나를, 찾아주세요　89
관계없는 관계　90
까딱 까딱, 까딱　92
잠시 구름을 보는 시간　93
구름밭 가는 길　94
오후 두 시의 관음죽　96
아직 플라타너스 달팽이　98
그늘의 틈　99
관념이 관절을 앓고 있는 저녁　100
호두까기　102
괜찮지 않을까　103
멍　104

해설 | 불균형으로 날아가는 세계, 지금 여기로부터　105
| 이승희(시인)

제1부 웃는 뱀

피어싱과 함께

　미용실 언니 귀에서 다섯 개의 피어싱이 흔들린다 오렌지빛 머리가 형광등에 반짝이고 말기 시작한 파마는 자꾸 풀어지고 언니 아직 멀었나요 짝짝짝 그 껌 좀 씹지 말아요 피어싱은 참아 드릴게요 빗방울이 미용실 창을 두드리자 손이 느려진다 이런 날은 김치부침에 막걸리가 최고야 짝짝짝 에잇 언니 딴생각 말고 롯트 9로 얇게 바짝 당겨서 말아주세요 틈이 생기는 걸 참을 수 없어요 독한 거짓말처럼 신경줄을 잡아당기라고요 껌은 씹지 말아요 맨발로 저 언덕을 넘으려면 난 리듬이 필요해요 바람이 창을 향해 달려들고 미용실이 통째로 흔들리다 언니의 손은 더 느려진다 오렌지는 빛나고 피어싱은 흔들리고 내 머리는 푸석하게 뻣뻣해지고 이리 와요 머리 감게 짝짝짝 이봐요 언니 넝쿨처럼 촘촘하게 말아 달라구요 파마가 안 나왔어요 저 언덕을 넘으려면 꼬불거리는 파마가 필요하다구요 짝짝짝 말이지 난 너무 오래 살았어 아무리 파마가 잘 나와도 언덕은 못 넘겠더라고 그럴 땐 피어싱이 좋아 흔들리잖아 출렁 중심을 잡아준다니까

유령 식사

김밥을 먹고 싶었는데 스파게티를 먹어야 한다니 할 수 없죠
면을 혀로 돌돌 말아 김밥처럼 먹을 수밖에요
그때 엄마가 말했어요 애야 사람 몸 중에 혀가 제일 맛있단다
참기름에 촉촉 찍어 먹어야 제맛이지
이미
혀 또는 면이 꾸깃꾸깃 목을 넘어가 버린 후였지요

면이 퉁퉁 불어 배가 풍선처럼 부풀어 올랐어요
혀가 없는 나는 손으로 말할 수밖에요
그때 엄마가 말했어요 애야 열 달이 다 되었구나
배를 꾹 눌러 면을 뽑으렴 얇으면 얇을수록 쫄깃거리지

내 입속에서는 혀들이 또각또각 떨어졌어요
혀들은 바닥에 닿기도 전에 날름거리며 사라져버렸는데
너도 언젠가는 혀를 끊어야 한단다 배가 부르고
면을 뽑고 혀를 끊고 또 배가 부르고, 엄마 말이 들렸어요

며칠 동안 혀를 끊어대고 침대에 누웠지요
침대 밑에는 피가 반들거렸어요
(지난번 혀를 끊었을 때도 삼일 동안 피가 멈추지 않았는데)
누워 있는 동안 배는 계속 부풀어 올랐어요
이번에는 스파게티를 먹지 않았지요

입속에 자를 혀가 없자 더 이상 엄마 말이 들리지 않았어요
허기진 나는 혀가 없으니 면도 김밥도 먹을 수 없어요 할 수 없죠
내 몸을 말아 김밥처럼 끊어 먹을 수밖에요 흐물흐물 몸이
조금씩 사라지고 있어요 밤인지 낮인지 해가 자꾸 지나가고 있어요

나는 K가 아니다

이것은 몸 안에 사는 상자 이야기다
잠이 오지 않는 밤이면 K는 등에 상자가 들어 있다고 했다
아니 상자가 아니라 적막함이라 했다
아니 적막함이 아니라 발톱을 감춘 토끼라 했다
마루 끝에 앉아 손톱을 다듬어주거나 매니큐어를 발라주던
노을 진 운동장에서 그네를 밀어주던 K
그 저녁 내리던 빗줄기
그 빗줄기를 따라 후루룩 국수를 들이켜던 소리
기찻길 위에 올려진 녹슨 못 이야기를 하는 동안
상자는 조용했고, 조용했으므로 하루를 살아내던 날들이었다
어느 날은
담장 따라 걷는 채송화처럼 아무렇지 않게
하루하루 병풍이 되어도 좋았다
그렇게 나이 들어 죽었으면 좋겠다고 상자에게 말했다
상자는 고요했고

세상의 모든 새들은
서쪽으로 날아갔다
사는 게 지겨웠으며 빨리 늙고 싶다고 투명한 새를 보며
말했다
상자의 가슴팍쯤에 오줌 한줄기 갈겨주고 싶다는 생각은
한물간 생각이어서 세상 모든 날카로운 끝에 대고
너도 토끼냐, 묻고 싶었다
발톱을 감춘 토끼라니, 그 하찮음이
오늘을 또 살게 하는지도 몰랐다
하찮음으로 밥 먹던 날들
그네를 멈추는 것은 내 몸의 중심
거기에 상자가 있었다
투명한 투명한 투명한
새는 왜 죽었을까
얼마나 살고 싶어야 투명해지는 걸까

웃는 뱀

어느 해에는 둑 위를
물뱀들이 가로질러 지나가곤 했는데
바닥에 그려진 자국들을
까르르 웃음소리로 지워버렸지요
그때마다 머리카락에 뱀꽃이 매달려
집으로 따라왔어요
뱀꽃은 우물 속에서
마루 아래 댓돌 밑에서 쑥쑥 자랐어요
발바닥이 가려워지면
누군가 내 등을 더듬고 손톱을 깎아주고
머리를 땋아주고 동산에 올라가고
그런 밤엔 습관처럼 요동치는 심장에
뱀꽃을 꺾어 비비대며 잠이 들었지요
지루하고 느리게 지나던 시간들
꿈에선
온몸을 끈적이는 혓바닥이 날름거려요
물뱀 때문이라고 생각했지만 웃을 수가 없어요
까르르 소리를 내려고 하면

겨드랑이로 사타구니로
물이 쏟아져 나와요

밤마다 뱀이 지나간 자리에 꽃이 폈어요
손등에 발목에
잘근잘근 피를 퍼 올려
파란 꽃을 피워대고 있어요
방죽에서 머리를 흔들던 뱀들은
자주 가슴에서 죽은 채 발견되었죠
비늘처럼 미끌거리는 가슴이
봉긋 아파오던 날의 휘파람처럼

오랜 시간 바나나

  너의 오늘은 싱싱한 오이무침으로 시작한다 몇 년 동안 이어진 고무줄 같은 아침 묵히면 묵힐수록 빛나는 것도 있지만 헐거워져 탄력 사라진 바나나 건전한 생활이 뭐지 일주일에 두 번은 집에 들어오는 거 본디 너의 생이 지나는 길은 울퉁불퉁하게 진물 나는 바나나 아직 도착하지 못한 어느 행성을 향해 시간을 채우지 못한 생들이 바짝 묵어가고 바다는 멀고 바나나는 점점 검어지고 검은 밤이라도 밝힐 수 있다면 아직 뛰는 심장을 안고 좁디좁은 오솔길을 걸어 이 나무 밑에 서 있는 것이다 모여든 초파리가 진물을 핥아 먹는 동안 물러진 살들이 검게 익어간다 익은 시간들이 말라가는 탁자 위로 물오른 초파리들 아직 날지 못한 허공도 너무 많은데 질척거리는 살 위를 떠날 줄 모른다

어젯밤 이야기

달팽이가 울던 날이었을까요
지렁이가 기어 나오기도 하고
도마뱀이 꼬리를 끊고 귓속으로 사라졌어요
너무 더운 날이었거든요
얼룩한 창문 밖에선 해바라기가 자라고 있어요
내 귓속에서 술렁술렁 도마뱀이 자라고 있는지
가끔 알들이 터지곤 했어요
빗소리에 묻혀 아무 소리도 들리지 않지만
젖은 머리카락들이 거리를 뛰어다니고
그 순간 새끼 도마뱀들이 귀를 물어뜯으며 쏟아져 나와요
오, 귀에서 피가 흐르기 시작했어요
쏟아진 도마뱀들이 빗속으로 사라지는 동안
아직 흘릴 피가 있는 나는 운이 좋다고 생각하는 중이에요
내 귀를 사랑한 남자는 애통해 하겠지만
백 년마다 돌고 도는 그 뻔한 거짓말이
다 그렇고 그런 것처럼

처절한 정원의 상상

부푼 치마를 입은 여자는 레이스 우산을 들고 있다
연두색 풀들은 흙 위를 달리며 흔들리고
공중을 가로지르는 빛줄기는
고요하게 땅속을 더듬는다
유일하게 한낮의 불륜이 용서되는 정원

나무의 몽정을 받아내고 있는 아가리를 다물어주세요
소식 듣지 못한 빨간 우체통은 비워두시고

식탁 위에 걸린 플라스틱 액자에는
장소를 가리지 않는 어정쩡한 섹스가
괴성을 질러댄다

똑같은 높낮이로 부르짖는 음을
사랑하게 되었노라고
당신의 은밀함이 치마 밑에서
쾌적한 불륜으로 자라고 있다고

치마 밑으로 피가 흐르면
정원 가득 붉은 꽃을 피운다
그 꽃들이 알맞게 익어갈 때면
숨겨둔 메두사 머리를 구워 먹으며
절정을 맛보는 페르세우스
꼬물거리는 입을 악다물고
몇 해를 살았는지 알 수 없는 이력
그 처절함이 침묵으로 꽃피는 정원

오늘도 집으로 돌아갈 수 없어요
오래도록 받은 수음을 화석에 새기며
하늘에 별을 띄우고 있어요

처절한 정원은 이제 문을 닫지 않는다

구토

 돼지 살을 뜯어 먹고 잠든 밤 어쩌다 나는 허겁지겁 돼지가 되어 트럭에 올랐을까 얼룩진 털을 빗질하고 킁킁거리며 침 흘리고 있는 돼지, 돼지꿈을 꾸어 좋아야 하는데 비참한 기분이 드는 건 무슨 이유일까 이번엔 빨간 돼지구이집에서 족발을 뜯고 있다 목이 차오르도록 뼈들을 발라내는 솜씨 좋은 기술이라니 먹어도 먹어도 배가 부르지 않는 차별화된 뱃속이라니 어느새 시장 한복판을 뛰어가며 돼지 꼬리를 잡고 있다 미끄덩 자꾸 빠져나가는 몸 저놈을 잡아야 복권을 사지 필사적으로 몸 날려 덮치는데 이놈이 어디 있나 돌아보는 사이 돼지곱창집에서 숯불 위에 쪼르르 곱창 꼬아 연탄불 위에서 뒤집고 있다 먹어본 적 없는 곱창이 왜 이렇게 쫀득거려 감탄하다가 돼지를 꼭 잡자 다짐하는 사이 다시 찬바람 부는 저녁이다 돼지등갈비찜 최고야 얼큰한 찌개를 끓이고 있는 온데간데없는 돼지들 돼지, 돼지, 돼지들 푹푹

 밤새 불 켜진 건너편 행복한 돼지 간판 깜박이고

속에서 울컥 어제 먹은 살 목구멍을 치받고

위벽에 눌어붙은 살, 출처를 알지 못하는 살들이 두두두 뜯겨져 나오고

돼지꼬리처럼갈래로흩어진어둠속에서목구멍에걸린헛꿈들은아프고

구두 장례식

 상쾌한 어둠이에요 소란스런 발소리는 계단에서 굴러 떨어진 지 오래, 밤은 늘 근엄하시구요

 아직도 달에 도착하지 못한 어린왕자, 눈알을 빼서 팔아먹었다는 소문이 낙엽처럼 길가에 뒹구네요

 장례식이 진행되는 동안

 허름한 나무들은 알몸으로 거리를 붙들고 서 있어요

 경쾌하게 오줌을 갈기는 개를 지나 고양이는 옥상으로 올라가구요

 찢어진 바람을 끌어 모으는 종이는 잃어버린 문장이 너무 많다고 투덜거려요

 지도에 없는 길은 좁고 어두워 그곳을 지나는 구두는 빨리 늙어간다는군요

감기에 걸린 지갑 추레하게 조의금 꺼내고 구두의 낡은 끈 더듬어 매듭을 풀어주어요

  길고 지루한 터널 지나온 낡은 몸 벌려 긴 숨 내쉬고 있네요

  적당히 주름 두드려 약을 바르고 양지쪽으로 나란히 놓아주어요

  맨드라미 손가락 펴고 하늘 받치고 있는

  여긴, 달 한가운데 토끼가 그네 타던 놀이터 모래밭

  나의 장례식장

나비는 날아야 한다

트럭에 실려 눈물을 흘리는 목련과 마주쳤다
흙에 쌓인 뿌리가 흙덩이를 흘리며
모퉁이를 돌아나간다
흙의 이정표를 따라 걸어본다
목련이 떠났다

목련이 뽑혀나간 구덩이
나비 한 마리 웅크리고 있다
날개가 노랗게 접혀 밤을 떨고 있다
접힌 날개를 집어 올린다
헐떡거리며 날개로 숨을 쉬는 걸까

언제부터 그 일이 나비의 일이 되었을까
옥수수 알은 촘촘해지고
삼류 연애소설을 쓰신다지요
조각난 규칙의 기억은 짜깁기를 하며
나비가방 나비목도리 나비조끼가 되었다

나비가 바람보다 얇은 날갯짓으로 운다는 건
양치질하는 일상처럼 차마 거룩하다
나무 밑에 부려놓은 날개가 얼룩하여
더 이상 슬프지 않다
오래전 어깨를 돌며
익숙하도록 지루하고 싱싱하던 날갯짓
태평양 귀퉁이에 날개를 부리고 쉬던 너의 어깨
냄새도 없던 얼룩을 사랑해서일까
그건 내 일이 아니었다

낙타 등에 물고기를 태우고

네가 사막을 건너 달로 가버린 한 송이 장미였다고 해도
일 만 사천 년 전 불타버린 오아시스였다 해도
사막을 건너는 낙타 등에 걸린 물주머니로 살고 싶었지
아침을 맞는 어깨를 기울여 밤을 기다리는 기둥선인장이나
앙상한 나무 밑을 지나는 바람이나
말만 사천 년을 지나온 고목이 나를 알아보지 못하는데
저 사막이, 푸르디푸르러진 사막이
일 만 사천 년 전 호수였다는데
물이 되어버린 모래를 믿을 수 없지
손가락을 빠져나가는 허공
허공을 지나는 구름을 보고 말았는데
거기, 사막을 지나지 않았다는 구름에게
어제 저녁 화단에서 장미를 꺾었다고
꺾인 장미에게 찔려 피 한 방울로 준비한 저녁상을
받아먹었느냐고 속삭인다면
저 구름이 둘로 쪼개져 흘러가버린다면
아식 사막에 살고 있을 불고기들을 건져 올릴 수 있겠지

사천 년 수억 밤을 보내고도
거기 남아 있을 아가미들에게
너의 혀가 가늘게 깊어지는 진리를 말한다면
너만 아는 사실 사막에 두고 가야지
침묵이 부스러진 모래로 반짝이는 순간
아무것도 증명할 수 없는 낙타들이 물고기를 태우고
호수 속으로 걸어 들어갔다

나의 왼쪽을 쓰다듬는 일

왼쪽 창틀을 자른다
잘라진 귀퉁이가 비스듬하다
끝나지 않는 왼쪽의 경쾌한 반란
오른쪽은 지루한 기준이 되었다

바람을 맞으며 키가 컸다
달콤했는지 시큼했는지 바람이 지나면
심장은 느리게 때론 빠르게 들썩 자라났다
애매모호한 결핍이 두드러기처럼 번지면
살점으로 파고드는 날카로운 쇳소리를
만지작거리는 밤이 여러 날이었다

나의 왼쪽은 뾰족하고 비대칭을 향한 대칭이다
때로 비트 빠른 리듬이 되어 꽃을 피우기도 하는데
한 뼘씩 비스듬하고 매력적인 빛깔은 검은 씨를 뱉어내
곤 한다
균형으로부터 점점 멀어질수록
더 단단하게 균형을 잡는 나의 비스듬한 왼쪽

자를수록 새로운 왼쪽을 만들어간다
창문을 열자 사과가 쏟아진다
지구를 반 바퀴쯤 날아온 색은 붉은 파랑
익지 않은 편안한 일상이 굴러간다
틀린 게 아니라 다름이라지요 목에 핏대가 툭 불거진
사과의 **뼈**를 발라낸다
40도로 기울어진 **뼈대**의 기울기

나는 없는 왼쪽으로부터 다시 사과를 줍기 시작한다

낡은 모자처럼

거기 그대로 있어라, 아직 바람이 오지 않았으니
일상의 문답은 짧고 간결하게 중심에 닿는다
너의 중심과 모자의 중심은 다르지만
대체로 흘러간 것들은 비스듬한 체크무늬
함께 구름을 걷어낸 적 있어
오늘은 부끄러운 고백하나

설익은 모과를 떨어트린 일
모자도 쓰지 않았고 외투도 걸치지 않은
어설픈 모과를 흔들었다
흔들린 모과가 바닥을 구르며
우그러진 얼굴을 펴지 않는다
구겨진 체크 모자를 지나 둥글게
너의 문장은 너무 짧게 중심을 향하고
갑작스런 고백에 침묵 중인 모과

낡은 모자처럼 식탁 위에 올려졌다
한쪽으로 기울어진 얼굴이 비릿하다

침묵이 향으로 살아날 수 있는 건
건조하게 접힌 모자를 닮은 모과 이야기

오래도록 모과 향이 흔들릴 것이다

내가 없는 오후

 죽음을 연구한 어느 소설가를 떠올린다 그도 지금은 죽었지만 죽음을 알고 있다고 말한 그 입도 죽었으니 죽음을 알 수 있는 자는 없다고 말할 수 있으나 그것 또한 앞뒤 안 맞는 이야기 도대체 앞뒤가 맞는 정확한 이야기가 없는 세상 그 머리로 숫자 계산을 하고 있으니 작은 오차 범위도 알지 못하는 3과 4 사이의 무한한 점을 세지도 못하는 어리석은 손가락 누워서 침 뱉기 같은 얘기를 하는 동동거리는 입술들 너도 그렇고 나도 그렇고 그도 그런 출처를 밝힐 수 없는 깨알 같은 이야기 차고 넘치는 책 속을 두 발로 걷고 있으니 나의 지루한 몸을 그림자로 늘려 밤하늘로 떠나보낸다 혹자는 그것이 바른 결과냐 묻겠지만 수천 년을 견뎌온 삶의 방식을 깔고 앉은 방석을 치울 수 없어 새파란 시장을 가로질러 뛰어가 볼까 거꾸로 철봉에 매달려 늘어진 머리카락을 세어보거나 흔들리는 하늘과 땅을 가지에 걸어두고 둥글게 몸을 말아 실 뽑아내 칭칭 감고 수면기로 접어들어 볼까 몽환 중에 모든 것을 고백하고야 마는 억겁을 돌아와 납작 엎드려 허공으로 돌아가는 저녁이다

제2부 아마, 토마토

오후 두 시쯤

 다정하게 말하지 말아요 일자 주름과 거친 손마디가 정들겠어요 달콤한 바나나처럼 웃지 말아요 누런 이빨과 털북숭이 허벅지를 핥고 싶어져요 거짓말에 꼬여 살아온 시간이 얼마나 되는지 알고나 있는지 투정 부릴 때마다 뼈다귀 하나 애교 부릴 때면 껌 하나 그것들 뜯느라 세월 가는 줄 몰랐어요 관절이 우두둑거리고 머리가 무거워 45도 각도로 기울이고 다닐 때면 헛살았다 싶어요 폭신한 소파에 누워 시간을 보내야 하는 운명도 기가 막히지요 누군 말해요 상팔자라고 그런데 자꾸 눈물이 흐르는 건 나이 탓인가요 언젠가 푸른 하늘을 보고 풀밭에 누워 있던 때가 있었어요 뛰고 싶었어요 저 강을 건너 마음껏 달리고 싶었어요 자꾸 졸려요 노환이라고 쓰다듬는 손길이 느껴져요 가만히 잠을 자야겠지요 건너 소파에 주인 남자도 졸고 있네요 무슨 꿈을 꾸는 걸까요?

아마, 토마토

 토마토가 흘러내리는 식탁에 앉아 있었어 달콤하지도 쓸쓸하지도 않았지 처음부터 그걸 먹으려는 의도는 없었어 여하튼, 이야기는 그렇게 시작된 거야 식탁에서 흘러내리는 토마토를 기억하겠지만 첫 만남은 갓 연두를 벗어난 붉은 짭짤이 토마토 울룩불룩 포즈로 접시에 담겨 있었어 연애의 시작은 이런 거였지 붉지 않아도 붉게 터질 거라고 상상하는,

 그래도 토마토였기 때문일 거야

 토마토가 흐르는 식탁 위로 날카로운 발톱을 숨긴 낯선 고요가 터지는 밤이었지 식탁은 지루하게 토마토즙을 받아내고 있었거든 수많은 연애 사건이 터질 때마다 식탁에 그려진 침묵은 사각기둥이 되고 벽이 되었지 번개가 친 건 그때였어 시도 때도 없는 탱탱한 울림 적응이 안 된 내 피부는 축 늘어지고 말았어 파란 연애를 하기엔 부족한 시간,

짧은 문장만 남기고 시들어가고 말았지

살짝 질긴 껍질을 걷어내고 쌉싸름한 물방울들이 터지면 건강한 웃음이 시작된다는데 붉게 터지는 그게 파란 연애라고 하기엔 무언가 어설퍼 연두를 건너 붉음으로 소란스런 달빛을 맞으며 붉게 타오르기 시작한 심장을 받아주기엔 아직 밤이 지나지 않았지 그러저러 시간을 돌돌 말아 웅크리고 있는,

~~붉~~은 아마, 토마토

뿌리 자라는 의자라니

의자가 생각하네
등받이에서 뿌리 자라다니
뿌리는 자라며 허공이 부드럽다고 생각하네
부드러움의 실체는 무엇인가
도달하지 못한 정상을 간질이는 뾰족함
익지 않은 사과를 떠올리거나
고독한 여름이 뜬금없이 떠오르기도 하는,
의자에서 뿌리 자라다니
분명한 것은 의자는 의자고 뿌리는 뿌리인데
어떤 것도 명확히 연관 짓지 못하는 부드러움이라니
근원이 불확실하니 부드러움이지
혀가 말려 부드럽게 포개지는 여름밤
은근슬쩍 나는 뿌리가 되었다
옹졸한 책상을 차버린 의자에서
부드러움을 익힌 내 뼈들은 단단하게 굳어가고
움직임을 모르는 벽을 향해 뻗어가는 것인데
명명하지 못한 나의 어제가
세 갈래 네 갈래

불투명하게 허공을 쓰다듬으며 자라나는 것인데
어둠 속에 사라진 길을 더듬어
뿔은 더욱 부드럽게 허공으로 갈라지고
부드러움의 끝은 어디인가
뿔은 촉수가 간질거린다

축 축축 축축축

　가로세로로 뛰어가다 다시 대각선으로 위층 발바닥의 크기는 한 뼘쯤, 축 축축 축축축 쉬지 않는 부지런함은 누구를 닮았는지 머리를 산발하고 곧잘 슈퍼를 가는 여자나 복도에서 창을 닫고 담배를 피우는 등판 넓은 남자거나, 쉬지 않고 왔다 갔다 하는 발은 쪼그라든 피망처럼 시시콜콜하게 반복되는 일 벽을 향하거나 식탁을 향하는 한 뼘의 발보다는 뻐근하게 올라오는 그리움을 읽어주어야 하는데 결코 발바닥은 결벽증을 앓고 있는 상수리나무의 비린내를 참을 수 없지 모두가 묘지로 가는 길에서 우울하지 않듯이 한 뼘 발바닥이 못생긴 발톱을 뜯어내라고 할 수는 없지 애매하고 모호한 언어들이 모두 묘지로 가는 길에서 웃는다고 해도 달리는 자전거를 울게 할 수 없지 아무것도 마음대로 할 수 없어 오늘도 가로세로 대각선으로 적절한 리듬으로 축 축축 축축축

아직

 엎어진 책 위에서 잠을 잔다 도착하지 않은 구름을 기다리다가 익지 않은 모과를 떠올린다 넘쳐나지 않은 파도를 상상하다가 불지 않은 짜장면이 도착하기 전이라는 사실과 고장 난 수도꼭지를 틀어보는 익지 않은 새벽이라는 사실이 도착해버린 지금 아파트를 빠져나가는 쓰레기차 뒤로 목련이 벌어져 하얗게 웃고 있는 것이다 숙성 기간이 남았나 떠올려보면 썰지 않은 고깃덩어리가 정육점 고리에 매달려 있는 것인데 비릿한 사실을 기록한 신문이 도착하지 않았고 먹다 버린 과자에 꼬인 개미들이 줄지어 떠나가기 시작했는데 아직, 비가 오지 않았고 붉은 접시꽃이 피지 않았다 웃음을 흘리며 너는 날아가버리고 팔목에 새겨둔 희미해지는 나비 문신을 긁적거리며 잠이 든다 그런 봄을 몇 년째, 몇 년째

첫눈이 오는 전의역

기차역 계단에 쭈쭈바를 빨며 모자를 눌러쓴 너는 혼자였어 손끝에 봉숭아물이 한 방울씩 떨어지고 있었지만 알지 못했지 손톱이 하얗게 비어가는데 겨울이 오고 눈이 내리면 어쩌나 고민할 사이 없이 계단을 오르기 시작했어 기차가 들어오는 플랫폼에서 상기된 얼굴로 올라타는 넌 발밑에 점점이 찍힌 붉은 자국을 보지 못했지 첫눈이 오는 전의역으로 간다는 사실이 모든 걸 지워버렸거든 의자에 앉은 너는 하얗게 얼굴이 비어가고 있었어

그곳에는 오래된 집이 있고 시계가 있고 낡은 종이인형에게 옷을 입히는 앙상한 손이 있지 하얀 목에 머플러를 두르고 멍든 무릎을 레이스 치마로 덮곤 했던 그곳에는 낯선 새들이 가끔씩 머물곤 했어 새들이 날아올라 문을 열고 들어가면 한겨울에도 붉은 봉숭아를 따곤 했지 손바닥이 가려워 살살 긁기도 했는데 어딘가 따끔거리게 하는 바늘이 있었는지도 몰라 지금도 어떤 밤에는 온몸을 콕콕 찌르는 것 같아 그런 밤 너는 손톱을 자르고 타다닥 튀어오르는 봉숭아 씨를 줍곤 하지

첫눈이 오는 전의역으로 가는 길 꿈에서조차 잊지 못하는 질척거리는 그 길 톡톡 떨어진 봉숭아 씨를 주우며 걷고 있지 허름한 침목을 건너 끝이 없는

거울의 착각

 방바닥을 뒹구는 허리는 길고 느리다 너의 지리멸렬은 허리를 돌려 누우며 바닥이 딱딱하다고 말한다 어긋난 경첩을 떠올린다 수년 만에 찾아온 안락함 오래도록 소통하지 못한 망치와 의자를 떠올린다

 빙산의 일각처럼 망치와 의자 사이에 있는 너의 지리멸렬을 눈치채지 못했다 십수 년을 사는 동안 겨우 이빨이 서른한 개고 빨간 뚜껑 소주를 좋아하고 오른쪽 고개가 기울어 있다는 것만 알고 있을 뿐 어느 한쪽으로도 집중하지 못한 너의 미미한 시간은 흐릿한 무채색으로 지나고 있다 기록들 깨알같이 쏟아내는 쌀통, 한동안 쌀을 받아 죽을 쑤었다

 바람이 흐드러진 오후 너의 지리멸렬은 극에 달한다 냉장고에 저장해둔 음식물 쓰레기를 모아 비비고 볶아서 상을 차리고 흐뭇한 미각을 벌름거린다 도대체 벗어날 수 없는 후미진 진리 이미 코와 눈과 입이 교태를 흘리며 다가서고 있다 거울에 너의 지리멸렬은 정상이라고 쓴다 오

래 묵은 지리멸렬이 바닥을 기어 다닌다 손가락 아홉 개 발가락 열한 개

  히죽거리는 부스스한 곱슬머리의 향기와 지리멸렬한 눈빛의 관계를 꼼꼼히 적어라
  거울이여 당신이여 착각이여
  지리멸렬로 죽을 쑤고 있는 너의 입술이여

상처투성이 원숭이가 자라네

사각 밴드는 좁고 길어 넙적한 상처를 덮을 수 없지
덮고 덮어도 비어져 나오는 핏물
곧 더부룩하고 무거운 저녁이 되어 집으로 돌아간다네
깊은 우울은 가로등 아래 어둠
눈치 없는 원숭이 빨강 엉덩이라네
칙칙한 온도의 어둠을 먹고 자란다는 대륙 건너온 여우원숭이
초췌해지는 얼굴 주름은 누굴 닮으신 건가요

손톱을 깎다 떨어진 살점을 붙들고
왜 나는 혼자인 거야
아무리 고독을 즐겼다 하더라도
맨드라미와는 언제 헤어졌는지 잠은 잘 자는지
갈고리 같은 발톱은 잘 자라고 있는지
누구 하나 물어 오지 않아
잘하고 있다고 혼자 주절거리며 살얼음판을 걷고 있지
오지 않는 버스를 기다리는 지금 다리는 오그라들고
털은 뭉텅 빠져 바람에 날아가버리고

또 아직 오지 않는 버스는 고요하고
고요는 귀로 흘러들어 심장을 두드리지
천천히 들이쉬고 내쉬고 괜찮아 괜찮아

약국 문을 여는 다리에서는 핏물이 흐르고 있지
동그란 밴드를 주세요 더 이상 사각 밴드는 필요치 않아요
돌본 적 없는 상처 난 살점을
동그란 밴드가 동그랗게 감싸주고 있지
어둠 먹고 자라는 우울을 안아주고
눈동자에 핏발 선 쪼글거리는 원숭이
머리 쓰다듬어주는 손가락 길게 자라고 있다네

심장이 울컥 흔들리는 밤
마다가스카르로 떠나는 꿈을 꾸는
여우원숭이가 자라고 있는 밤이네

붉은 유년기

 골목 끝에 살던 여자는 샐비어를 따 먹으며 매일 기차가 지나는 둑에 앉아 있었다 침을 뱉으며 풀을 뜯다가 다시 침을 뱉고 손톱을 물어뜯었다 아는 게 많으면 허망한 것도 많지 여자의 흘러내린 브래지어를 누구도 올려주지 않았다 산발한 머리 빨간 치마에는 도깨비바늘이 무늬처럼 붙어 있었다

 여자는 어디로 갔을까 샐비어가 피는 계절이었다 골목을 들어서다 꽃을 따 먹는다 가끔 길이 펼쳐진다 샐비어 끝으로 달짝지근한 물이 떨어지고 다리를 감은 빨간 치마 밑에서 여자의 웃음이 상큼하게 흐른다 새들이 서둘러 골목을 벗어난다

 새들이 보듬지 않은 시간은 두툼하게 귀를 닮아가고 여자의 부른 배는 벚나무에 걸렸다 여자의 심장이 뛰고 있다고 믿는 것인가 바람은 빨간 치마에 매달려 여자를 깨운다 누런 광목천이 가지를 흔들자 새들이 날아오른다 목 졸린 시간이 비릿하게 떨어진다

맨드라미와 염소

 담벼락을 등지고 흑백사진 속의 맨드라미 서 있다 낡은 쪼글거림 펴지지 않는 주름치마 위로 거친 손이 지나간다 어느 다리를 건넜는지 화려했던 자줏빛 인사, 오늘은 바람도 없다 홀로 오후 햇빛을 받으며 졸고 있다 깨진 담벼락 틈으로 반짝 빛이 지나간다 없는 바람은 지금쯤 바다로 갔을까 오래전 나의 꿈은 바다가 되는 것 일렁이는 물 위에 올라타는 것 하늘엔 쪼개진 구름들이 흩어졌다

 염소가 물끄러미 담벼락을 바라보고 섰다 목을 쳐든다 얇게 쪼글거리는 소리 목을 타고 오른다 담벼락에 실핏줄처럼 번지고 고요하게 흔들리는 수염이 유쾌하다 염소가 돌아선다 동그란 똥들이 굴러간다 담벼락 뒤로 돌아갈 길을 찾지 못한 뿔들이 흩어졌다 모인다 반복되는 익숙한 장면, 오래된 유머가 바람에 마르고 있다 낡았으나 세련된 시간 위로 구름이 다시 가득이다

주차금지

독백

 다섯 번째 소식이 날아든 서툰 밤이었더래 보름달은 유난히 우울한 날이라며 일찍 퇴근을 하셨겠지 듣도 보도 못한 시작도 끝도 없는 녹슨 이야기들 밤하늘에 총총히 박혀 내려 보고 있었어 불규칙한 리듬을 뿜어대는 세븐세븐 콜라텍, 그 안으로 코끼리가 들어가는 거야 등에는 개미 한 마리 허리를 꼿꼿하게 펴고서 말야 본 적 있니 개미와 연애하는 코끼리라니

개미

 코끼리를 사귄 지 오 일쯤 되었어요 현란한 조명을 사랑하는 코끼리라니 멋지지 않나요 나랑 딱 맞는 콘셉트예요 조용한 밥도 먹지 않고 지루한 콩을 세거나 링거를 즐기지는 않지요
 아직 눈을 마주친 적은 없지만 넓은 평야처럼 사랑스런 몸이라니 진실이 느껴지는 탄탄한 근육질 그 위를 지날 때는 팽팽하게 허리를 조이는 긴장감이 느껴져요

코끼리

 우린 서로 얼굴을 본 적이 없어요 보지 않고도 사랑을 느낀다니 짜릿하지 않나요 어설픈 나의 얘기라니 그것도 다섯 번째 확인되지 않은 연애사죠 배추벌레 지렁이 하루살이 송충이 굼실굼실 등을 기어 다니는 발들이라니 심장을 간질이는 울림이라니 꼬리까지 촉각이 곤두선다니까요 비록 길게 사랑을 하진 못했어요 생의 길이가 모두 달랐거든요 지금 내 심장을 찌르는 당신을 사랑해요 여기서 정지하면 안 돼요

 나와 너와 그의 여름은 다르게 시작되고 있었다
 유통기한 지난 스킨의 불유쾌한 끈적임처럼

달팽이의 착각

 낯선 여자가 벽에서 나온다 달도 없는 칠흑의 밤 가끔 튀어나오는 얼굴이 아닌 뉴 페이스 새로운 것들은 싱싱하고 지루하다 여자는 총총히 딴 머리를 흔들며 나무 의자에 앉는다 삐걱 기울어지는 의자가 웃는다 엉덩이가 차갑군

 갈색 눈동자와 마주친다 도망가지 마 깜박이지 말고 십 초만 참아 금방 도착한다니까 홀연히 그림자 따라 나온다 붉은 골목 그 골목을 뛰어가는 레이스 발목 거칠게 흔들리는 기침소리 놀이터의 빈 그네 뒤로 아직 어두운 아침이 지난다 그림자가 거실 벽을 타고 오르며 비척비척 검은 숲을 만든다

 가지를 헤치며 여자는 숲속으로 들어간다 휙 하이에나 무리가 지나간다 이빨 뽑힌 하이에나라니 오래전 이 숲을 동경하며 읽은 책의 문장을 떠올린다 두려움이 너를 죽인다 애초에 시작된 기억에는 설렘이나 두려움 따위는 없다 익숙한 일상의 귀환 느리게 생을 살겠다고 말하는 철학자의 입술이 이미 파랗게 변했다 눈 깜짝할 사이에 벌어진

일이라 아직 달리고 있다고 믿는 달팽이의 착각도 숲으로 들어간다

엄마의 연애

엄마의 연애는 고리타분하게 고구마를 씻는 일
찬바람에 싹을 틔우거나 전설 없는 태생으로
남의 집 담벼락에 버려져 썩어가는 고구마를 찾는 일

사이즈 안 맞는 바바리코트만 남았다는 바람둥이 소문
고구마는 바람을 부른 적 없으니 바람날 일 없고
새들만 이구동성으로 날아오르는 저녁
갈 곳이 없나요

엄마의 몸에는 구멍이 여러 개
고구마를 쑤셔 넣었다가 하나씩 빼먹는 저녁이면
때늦은 소포가 편지함에 걸려 있고
엄마는 뜯어진 소포로 구멍을 막곤 했지
엄마의 연애는 붉게 부르튼 구멍을 막아대는 일
때로 슬쩍 아팠는지도 몰라
발밑엔 흥건히 물이 고이고
얼룩진 손을 그 물로 씻고 일어나던 나는
헐거워진 구멍을 틀어쥔 늙은 눈물을 보았어

짧은 연애는 익숙한 일상
엄마를 닮은 나의 연애는
그늘에서 웅크린 몸으로 싹 틔우는
고구마를 키우는 일
헐거워진 구멍을 이제 열어놓는 일
제제제 흐르는 고름 위에
고구마를 심는 일

소를 끄는 소크라테스

 소머리를 반으로 자른다 이빨을 뜯어내고 귀를 씻는다 찬물에 담근다 되새김질하던 일상이 붉게 떠오르고 희석된 시간이 하수도로 흘러 숨겨진 말들을 풀어놓는다 때론 얽힌 인연들 시멘트 바닥에 검게 눌어붙는다 쉬 떠나는 건 내가 아니야 끓는 물에 소머리를 넣는다 익힌 살점들을 썬다 결을 따라 자잘한 소의 기록들이 펼쳐진다

 소를 끌고 가는 소크라테스를 핥는 개 그림, 식당 입구에 걸려 온갖 발바닥을 핥아대고 있다 식욕이 왕성한 꽃을 떠올린다 발목을 잡아 리본을 묶고 발톱에는 참파위꽃을 그려 넣는다 가끔 되새김질하고 싶은 순간이 있다 느릿하게 소를 끄는 소크라테스와 개와 발톱을 여행 준비물로 챙긴다

제3부 슬픈 낮잠

비자림에서 건배를

 촉촉한 케이크는 세일이 없어요 팡파레를 울리는 초록 커튼보다 무겁기 때문이지요 아직 은색 구두를 사지 않았다면 비자림으로 들어오세요 어설픈 구두는 아예 벗는 게 나을 거예요 어제 도착했어요 바람이 잠깐 머물다 가던 그 시각 숲이 불렀거든요 하긴 어제오늘의 일이 아니지요 오백 년을 넘게 공들인 저 고요한 비자나무의 노래를 들었던 거지요 반갑다고 차마, 뜨거운 키스는 하지 마세요 뭉개진 입술로 애무하기에는 피 끓는 청춘은 늘 위험하지요 부디 이 길목을 부드러운 맨발로 더듬어주시길 석색 와인 뿌려둔 천년 비자나무 아래서 짧은 오르가슴을 느끼시길 굵은 팔뚝이 구름을 훑어대며 하늘을 휘젓고 있어요 거기 비자림에서의 첫 밤을 이렇게 보내도 되는 거겠죠

정기검진

비스듬한 사선이 불룩 솟아올랐다 피처럼 붉거나 검은 손목

어느 밤엔 웅크린 등이 구멍으로 기어들기도 했겠지

벽을 통과하는 굽어진 불빛 검게 덮으며 숙덕거리기도 했겠지

연두의 소멸을 눈치채지 못한 시력이 원망스러워

소멸이 명백히 소멸로 읽히는 저녁 손목을 쓰다듬어본다

굽어진 등을 곧게 펴지 않아도

텅 소리를 내며 허공이 사라져버려도

아직은 허락된 시간을 기다려야지

나의 밤은 낯설고 미숙한 모퉁이

동그라미를 잃어버리고 마는 헐거워진 단춧구멍

근엄한 저녁 앞에서 너의 등은 기울어지고

먼지 쌓인 골동품처럼 고요하게 걸쳐보는 소멸 의식

사거리 고물상

 날을 세운 손가락이 하늘을 찌른다
 더디게 돌아가는 초점 없는 눈동자
 빛에 반짝이는 녹슨 얼굴 위로 시간이 멈춘다
 서로 몸을 부딪칠 때마다 날카로운 비명이 하루에도 수십 번 훌쩍거린다
 마당을 가로지르는 허리 굽은 너는 바람 빠진 바퀴처럼 우그러져
 한숨 섞인 숨을 거칠게 뱉는다
 계량기가 출렁 바늘을 움직일 때마다
 폐지 더미 위로 햇살까지 끌어 무게를 늘린다

폐기물은 왼쪽으로 안전한 그물망에 담아두시오

구겨지고 변질된 플라스틱 상자와 썩은 종이들이
안전하게 그물망에 올라앉아 있다
젖은 운동화를 끌고 그물망을 어슬렁거리는 발자국
가는 길마다 막다른 골목이었다
눈물 섞인 외침을 누구도 들어주지 않았던

안, 전, 하, 다, 니
안전지대 팻말 앞에 웅크리고 앉는다
뾰족하게 날 세울 등도 없으니
슬쩍 햇살을 등지고 안전지대로 올라타 볼까

쇳소리의 훌쩍임이 시작되고 컨베이어 벨트가 돌아가기 시작한다
그의 몸은 더 둥글게 말려가고
허공을 쑤셔대는 욱신거리는 온갖 뼈마디를 추스르며
안전그물망 아래서 잠이 든다
사거리 고물상 이야기는 다시 시작이다

제비꽃 날다

날개가 없는 자들은 등을 펴지 않았다
고개 숙인 보라가 슬쩍 웃음을 흘리며
바람을 타고 날아왔다
눈치채지 못한 얼룩처럼 시리게
써보지 못한 모자가 구름을 따라 흘러간 건 어제였다
그 구름이 다시 돌아와 신지 않은 신발을 신고 떠나버린 건
순전히 보라를 떠올린 바람 때문이겠다
이제 저 구름이 몰고 간 모자와 신발은
언덕을 넘어 허름한 담벼락 아래 뿌리를 내릴 것이다
아직 읽지 않은 기록들을 빨아먹으며 자랄 것이다
납작하게 엎드린 등을 세워 바람을 맞는 동안
흐릿해진 눈동자 담벼락에 기댄다
날개를 펴지 않은 얼룩이 아직 파릇한 기운을 불러들이고
보라를 따라가는 발목이 울컥 뛰어오른다
뛰어오른 자리마다 고개 숙인 보라가 들썩거린다

천장의 꿈

네모로 웃고 네모로 우울하고 네모로 말하고 네모로 양치하고 네모로 밥을 먹지
네모로 명랑하고 네모로 바람을 맞고 네모로 두려워하지
지난밤 동그라미가 되어 한없이 바다를 떠다니는 꿈
네모로 만든 샌드위치가 네모만큼 맛있는 아침
이제는 네모가 되어버린 입 때문에 떠날 수 없지

도덕적인 게 뭐야
너의 질문이 직질하지 않다고 들어본 적 있지
일상의 문답이 간결하게 줄다리기한다면 사각의 링을 떠올리며 치고받고 주고받고 주다 주다 다시 받고 네모처럼 웅크리고
네모만큼 자유롭다는 게 끝이 아니야
네루다의 질문을 필사하는 손목이 네모로 꺾일 때까지
네모난 바람이 네모를 채울 때까지
네모의 기억은 네모로 오려둘 거야

비릿한 균열

 눈알이 튀어나올 듯 석쇠 위에서 쳐다보고 있다 눈이 마주친 순간 메아리가 허공으로 날아간다 익어가는 눈알은 탁한 진물을 흘리며 회색이 된다 삐걱거리는 뼈의 흔들림 살점과 일정한 간격을 유지하며 단단해지는 사이 유년의 아침이 게으르게 지나간다 아버지, 흐릿한 기억은 고스란히 지느러미에 기록되어 바다로 떠나고 아버지의 메아리는 시간을 팽팽하게 잡아당겨 지글거린다

 접시 위에서 말라가는 아버지의 살점 여기저기 쑤셔대며 뜯어간다 골목 구석에 앉아 등을 들썩 눈물을 흘리며 다리를 배를 내밀고 누운 아버지 때로 스스로 살점을 뜯어내기도 한다 홀로 비어가는 몸통을 채우고 자라지 못한 손톱을 잘라내던 결핍의 시간 느리게 아버지 등에서 자라고 있다 채 열매를 달기도 전에 화르륵 불 위에 뜯어 넣고 구워 먹는 손가락들 조금씩 아버지와 등과 나무에 생기는 균열을 읽지 못한다

 균열이 자라는 틈으로 바람이 지난다 약속되지 않은 대

면은 반갑거나 슬퍼서 지나는 자리마다 날개 접은 나비가 퍼덕인다 속도를 잃은 시간 가벼워진 아버지 뙤약볕에 누워 자유로운 비행을 꿈꾼다 흘려버려야 할 것은 보내야 한다며 접힌 날개를 바닥에 비벼댄다 푸두득 비릿한 균열이 날개 밑으로 쏟아진다 고요가 날개를 덮어준다

무덤을 낳고 있는 반딧불이

애초에 허름한 방에서 시작된 이야기
방으로 가는 길은 좁아서 둘이 나란히 걷지 못했다
그 방에서 나를 낳았고 토끼를 낳았고
해마다 참새를 낳고 뱀을 낳고 물고기를 낳고
속이 텅 비어가는 줄도 모르고
짜내고 짜내 비린내 나는 젖을 물렸던
허름한 방을 가졌던 엄마

맵다 짜다 타박하며 길을 떠나버린 새끼들 찾아
생선 뼈다귀 말라가던 늙은 골목
쪼개진 방 한쪽으로 숨어버렸다

그 방은 시간이 지나며 무심히 찢어지고 갈라졌다
짜깁기도 하지 않은 방
곰팡이들이 푸른 꽃을 피워댔다
평생 가져본 적 없는 꽃 방
엄마는 비로소 굽은 등을 펴고 곧게 누웠다
봉긋 땅 위에 새파란 젖무덤 하나 솟았다

아직 푸릇한 무덤 위로 애꿎은 소주만 뿌려댄다
아늑한 방을 가져본 적 있으신지
이제 더 이상 무엇을 낳지 않아도 되는 방을 가져서
편안하신지

무덤 위로
반딧불이 후루룩 날아오른다

침착한 균열

흔들리는 못을 빼서 다시 박는다
헐거워진 구멍은 시멘트 가루를 흘려보낸다
못을 향한 망치의 두드림, 커질수록
벽의 구멍은 더 느슨하고 못은 휘어진다
받아주는 것이 없다는 것이
몰래 창을 넘은 햇살처럼 문득 서글프다
적막함이 소리를 가져가듯
못이 바닥에 덩그러니
망치와 휘어진 못과 시멘트 가루 떨어지는 벽이
일정한 균열을 이루며 침묵한다
갈라진 골을 따라 흘러 들어가는 노래
어젯밤이 끝이야
얇은 계절을 좋아하는 너의 균열을 읽지 않을 거야
노래는 침착하게 갈비뼈 사이를 관통한다
아물지 않은 가사는 식탁 위에서 곪아가고
기억이 없는 혀는 갈라진 벽을 핥아댄다
어젯밤이 끝이라구
끈적한 노래가 사각으로 흘러나오는 스피커 위로

침착하게 균열이 지나가고
철 지난 엉겅퀴들이 벽에 기대 흔들리고 있다

착한 샐러리

  남자의 착한 목을 닮았다 아사삭 소리가 지나는 잇몸 사이로 촘촘함 섬유질이 걸린다 걸리는 시간마다 잔업이 쏟아졌다 설탕을 사수한 허리 졸린 개미는 어디로 갔을까 선반 위의 땅콩을 열어주고 싶다 열린 껍질 사이로 허벅지를 들이밀고 숨어버리는 건 어떨까 저렴하게 파릇하게 아삭하게 경쾌하게 독특하게 이상하게 착하게 들이밀면 오늘은 잔업이 없을 것 같다 기름을 짜내고 노릇하게 구워진 삼겹살과 나란히 눕고 싶다

국화빵아 달려라

 쪼개져버린 심장이 달려온다 소리를 듣지 못한 신호는 잠이 들었는지 아직 준비되지 않은 손가락은 ㄷ자로 포장을 치고 국화빵을 찍는다 오리지널 사랑을 원한다면 오늘밤 뜨겁게 여기 정차하시면 행복한 산부인과를 갈 수 있어요 십 분마다 한 판에 이십 송이 국화가 샴쌍둥이처럼 피어난다는데 혈색 좋은 국화는 꽃병에 꽂히지 못하는 걸 알고 있는지 꽃을 뽑아내는 손등으로 실핏줄이 튀어 올랐다 잠시 후 버스 도착 허겁지겁 꽃을 담는 손은 두텁게 오그라들고 ㄷ자 비닐 포장은 서둘러 조산한 바람을 불러 두둑하게 피어오른다 신형 핸드폰 배터리가 점점 강해지는 저녁, 행복하게 비명을 지르는 산부인과에서 익어가는 국화꽃들이 피어나고 있다 찌그러지거나 질척하게 혹은 뜨겁게

13월 32일

그림자를 따라 골목을 들어선 날
내 생애를 결코 들여다볼 수 없는 시간 속
뱀자리를 지나 처녀자리가 오면
백조자리에 앉아 스프를 먹을 거야
전생에 갈겨놓은 오줌 줄기를 따라
해바라기가 자라네

내 그림자는 너무 짧아 넘을 수 없는 담벼락
더듬거리며 기어오르고 있지
사각의 담을 둥글게 말아
나무에 걸 수 있다면
저 달 앞을 고고하게 날아가는 까마귀처럼
우아함을 가장할 수 있다면

구사한 단어만도 일 만 이 천 조
구구한 시간을 떠들었겠지
속고 속이는 재능 넘치는 한 줌의 사기꾼
시장 좌판에 늘어진 늙은 호박을 웃게 할 수 있지

그림자 가득 차오르는 골목
터져버린 문장들 꽁꽁 묶어두고
호박도 웃게 못한 내 혀는
200년의 유통기한을 가진 비스킷 한 쪽
핥을 수 없네

아궁이 찔러대는 거짓말보다
차라리 호박을 쓰다듬는 주름진 손이 낫겠네

하우스에 불을 켜요, 언니

빨강 팬티가 덕지덕지 묻어나는 솔밭을 지나 아침이 올 때까지

동굴 같은 집을 매일 지어야 해요

발가벗은 엉덩이 둥글게 떠오르면 지친 달처럼 웃지만 말고

답답한 저 숲길을 헤쳐 나갈 에이스 카드를 날려보세요

창자처럼 길고 좁은 지느러미를 접으며 아가미를 뻐끔거리는 언니

꼬리로 그림자를 지우는 고양이를 따라

일어서는 길을 환하게 밝혀주세요

가시를 심는 손목이 깨끗하게 숙제를 마친 밤이면

물고기 무리 지어 수직으로 평행으로 날아가고 있네요

꼬리에 꼬리를 물고 밤하늘 가득 떠오른 에이스

밤새 아가미 흔들며 뭉게구름 피어 올리고 있네요

거기,

집을 환하게 밝히는 내가 있네요.

슬픈 낮잠

기차 타는 이야기가 양떼구름처럼 쏟아진다
밀림에서 환청을 듣는 건
고요한 물 위를 느리게 달리는 야자수가 되는 것
참파위꽃이 오늘은 떨어지지 않아서
1달러 원숭이 바나나를 사줄 수 없지
언니 예뻐요
예쁜 언니는 우아하게 고개를 저으며 원숭이 바나나는 안 먹는단다
그건 원숭이가 먹는 거야
바나나가 검은 손바닥에서 늘어지고

세상은 언제나 늘어지는 금요일은 아니지
라탄 의자에 잠든 다리를 보며 그날이 과연 나른한 오후였을까
신사는 비키니를 좋아한다는데
저 양떼구름이 가면 비가 내릴까
지금쯤 원숭이 바나나는 뭉개진 밀림으로 돌아갔을까
검은 손바닥은 잘 접혔을까

물고기 무리 지어 수직으로 평행으로 날아가고 있네요

꼬리에 꼬리를 물고 밤하늘 가득 떠오른 에이스

밤새 아가미 흔들며 뭉게구름 피어 올리고 있네요

거기,

집을 환하게 밝히는 내가 있네요

슬픈 낮잠

 기차 타는 이야기가 양떼구름처럼 쏟아진다
 밀림에서 환청을 듣는 건
 고요한 물 위를 느리게 달리는 야자수가 되는 것
 참파위꽃이 오늘은 떨어지지 않아서
 1달러 원숭이 바나나를 사줄 수 없지
 언니 예뻐요
 예쁜 언니는 우아하게 고개를 저으며 원숭이 바나나는 안 먹는단다
 그건 원숭이가 먹는 거야
 바나나가 검은 손바닥에서 늘어지고

 세상은 언제나 늘어지는 금요일은 아니지
 라탄 의자에 잠든 다리를 보며 그날이 과연 나른한 오후였을까
 신사는 비키니를 좋아한다는데
 저 양떼구름이 가면 비가 내릴까
 지금쯤 원숭이 바나나는 뭉개진 밀림으로 돌아갔을까
 검은 손바닥은 잘 접혔을까

제4부 관계없는 관계

기억이 사라졌다

　새벽 다섯 시 불을 켜고 물을 마시다 신문을 보며 이를 닦다가 봄꽃이 핀 창밖을 바라보다가 꽃을 꺾어 병에 꽂다가 태양이 뜨거운 여름엔 팥빙수가 최고지 얼음을 꺼내 사각사각 갈다가 팥을 넣고 젤리를 얹고 수영복을 꺼내다가 우유를 붓다가 천고마비 가을에는 모름지기 책 한 권 읽어야지 인터넷 서점에 책을 주문하다가 히말라야 여행자 모집에 신청을 하다가 비행기에 올라타 카운트다운 하는데 폭설이 내려 비행기가 뜰 수 없다고 방송을 듣다가 겨울이구나 하고 보니 반팔을 입어도 춥지 않은 몸 유리 돔에 살고 있는 사이버 인간이 되었다가 그래도 밥은 먹어야지 한숨을 쉬다가 알약 하나 입에 털어 넣고 잠을 자 볼까 침대 위에 눕다가 철컥 갑옷을 벗어야지 나사를 풀다가 머리를 열어 칩을 뽑는데 충전 요함 빨간 신호 점점점 플러그를 꽂고 충전을 해야지 긴 꼬리를 머리에 꽂고 하루를 꺼내고

변명하기 오 분 전

 나뭇잎이 뒤집히자 잎맥이 선명하게 보인다 보이는 건 쓰레기통을 뒤지는 고양이의 발톱 때문일까 기억은 사라지고 얼룩진 초록을 흠모하는 짧은 로맨스가 시작된다 발톱의 상심을 기록한 고양이의 이야기, 시멘트 벽이 들썩거렸으나 듣는 자 없는 소문 잎맥의 가로세로 화면에서 격자무늬로 그려진다 십오 층을 올라가는 사다리차의 굉음이 사운드로 퍼지자 비로소 떠나는 자들의 이야기가 쏟아진다 오후의 정황이 파닥거리며 탱탱하게 부풀어 오른다 아랫배가 뻐근하고 고양이의 어깨는 기울었다 발톱이 검게 빠지기 전에 아직 그것은 고양이 발톱이라는 사실을 적어 넣는다 밤마다 뒤집힌 잎맥을 떠올리며 검은 매니큐어를 바를 순 없다 이정표를 잊었다고 고요를 거론하지 말기를 요란한 초록의 발기가 시작되기 오 분 전

나를, 찾아주세요

 무슨 요일이라고 했나요 파란 봉고차가 앞 범퍼를 들이받고 갔다고 하던데 그 일은 해결이 되었나요 소주로 다이어트를 하는 임상 실험에 참가했던 나를 잃어버린 지 벌써 사십 년, 처음부터 내가 있었던 거 맞나요? 사실 여부를 묻는 이메일을 읽을 때면 가슴이 무너져요 사계절 꼬박 콩나물국을 먹었다는데 어쩌면 지금은 심장으로부터 콩나물이 자라고 있는지도 모를 일이지요 노란 머리를 잘라내던 내가 목요일도 아니고 토요일도 아니고 도대체 무슨 요일인지 모르는 그런 날 사라지다니 내 이름이 뭐냐구 물으셨나요? 목요일도 아니고 수요일도 아니고 그 사이에 이름 없는 어떤 요일이라고 해두죠 한 번도 본 적 없는 나는 어쩌면 아직 태어나지 않았을 수 있어요 이렇게 비바람이 지나가는 날엔 없는 나를 찾고 싶어요

관계없는 관계

고양이와 민들레 사이 낯선 고요가 있다
음식물 쓰레기통 위에서 민들레를 내려다본다
고요를 가로챈 바람이 지나간다
24시간 켜진 가로등 아래 민들레 여럿 피었다
웃지 못하는 어깨를 가진 고양이
느리게 허리를 돌리자 얼룩이 구부러진다
가끔 느리게 구부러질 수 있다면
배롱나무 아래서 잠을 잘 테야
꽃이 피기 전에 연두에게 사랑 고백을
초록의 시간은 바람처럼 들이닥친다네
뾰족한 발톱을 숨기고 씰룩거리며 웃기 일쑤인 지난밤
친밀감을 던져버린 입에선
길 잃은 고양이들이 쏟아져 나왔다
벽을 탈 수 없는 나는 흩어진 고양이를
주워 담을 수 없어
숨겨진 발톱을 모른 척 꺼내놓고
앉을 수 없는 의자와 시계 사이를
느리게 기어 다닌다

노랗게 흔들리는 민들레 여럿 발밑에 짓눌렸다
목을 쳐들고 길게 입을 벌리며
수염을 세운다
하품이 길게 나무에 걸리자
고요가 더 이상 고요로 머물지 못한다고
챙챙챙 바람이 불기 시작한다

까딱 까딱, 까딱

 몸이 세 박자로 흔들린다 따로 또 같이 재빠르게 움직이는 허리 등 관절 가스레인지 아래 고양이가 지나간다 볶던 깨소금이 튀어 오른다 행복떡집 주인은 손님을 보면 까딱한다 목 디스크를 앓고 있어서 까딱만 한다 까딱만 한다고 기분 나쁜 손님은 가버리지만 그래도 할 수 없지 볶던 깨소금은 볶아야지

 까딱 까딱, 까딱

 고양이가 허리를 틀고 고개를 돌려 까딱한다 볶던 깨소금이 까딱거린다 온통 주인 닮아서 목 디스크 환자다 뒤도 돌아보지 못하는데 목 관절 마디 까딱하는 것도 다행이지만 볶던 깨소금은 볶아야지 까딱 까딱, 가끔 튀는 생이고 싶은 깨소금이 후다닥 배를 뒤집는다 고양이도 따라 배를 뒤집고 까딱 까딱, 까딱

잠시 구름을 보는 시간

민들레 엉겅퀴 엉겅퀴 엉겅퀴 민들레
담벼락 옆에 뽑혀 늘어져 있다
방울새 쪼그리고 앉아 쳐다본다
헐렁한 모습으로 누운 그녀들
실핏줄처럼 뿌리를 펼쳐
담벼락 그늘의 말을 듣고 있다
재생되지 못한 달콤한 거짓말
비밀스럽게 포장되어 발송되었다
죽음을 애도하는 담벼락은 더 넓고 짙게 그늘을 만든다
그늘을 벗어난 새파랗게 젊은 싹들
보도블록 틈으로 귀를 내민다
아직 순진한 소문 허공으로 날아가고
더 이상 흐르지 않는 물관의 소리를 들었을까
잠시 구름을 보는 시간
방울새는 민들레 줄기를 찍어댄다
여전히 그늘은 싱싱하게 고요하다

구름밭 가는 길

　고독을 견디는 방법을 알게 된 건 순전히 바닥을 기어다니는 불개미 때문이다 없는 길을 만들며 다니는 불개미의 규칙적인 발걸음엔 소리가 없다 오늘도 쪼개진 구름을 걷어 올리는 바람은 차갑고 갈고리에 걸린 구름이 솜처럼 뭉쳐지거나 깃털처럼 흩어졌다 구름 위에 밭을 경작한 것은 그리 오랜 일이 아니다 사는 날들이 죄라고 말하던 마른입이 떠난 후였다

　방바닥은 고요하다 불개미가 지나는 비닐 장판에 꽃이 피어났다 그의 꽃말은 나를 읽지 말아요 기억한 적도 없는 그를 읽지 말라니 확인되지 않은 그림자는 밤마다 구름 들러리를 선다 나를 읽지 말아요 꽃다발을 던지는 손은 건조해서 허공을 가로질러 흩어졌다 미처 다른 손을 뻗기도 전에 구름 속으로 사라졌다

　뜯어진 상처나 고독은 죄가 되었다 그가 떠나자 어딘가로 숨어버렸다 더 많은 불개미가 여전히 집 안을 돌아다닌다 나는 아직 발소리 나지 않게 걷는 방법을 찾지 못했

다 찌지직 바닥에 눌어붙는 발바닥 아슬아슬 불개미 따라 기어본다 좁고 후미진 길 끝 폭신한 구름밭 펼쳐진다 허공에 뿌리내린 옥수숫대에 달린 문장들 하늘을 향해 치켜 올라간다 아직 읽히지 않은 단어들 우수수 알맹이로 가지런히 차올라 심장으로 쏟아진다 힘차게 단내를 풍기며 경작을 시작한 불개미 따라 허리를 접는다 구부린 등 위로 구름이 한 가득이다

오후 두 시의 관음죽

손가락이 자꾸 길어진다

길어진 손가락이 바닥에 떨어질 때

오후 두 시는 한없이 길게 멈추어 선다

물렁한 살 위를 질척하게 옮겨 다니며 자는 잠이란

방처럼 늘 어두웠고 낡은 벽을 긁어대는 비명처럼 외로웠다

사타구니에서 쏟아지는 물처럼 미끈거리는 길,

핏물 젖은 손가락 그 물을 먹고 마디를 키운다

마디마디 맨살이 여자의 발목처럼 희고

오랜 관습은 손금처럼 새겨져 벽을 타오르고 있다

빽빽한 나무 그림이 흩어진다 후두둑 새들이 날아오른다

움켜잡은 길들이 뻐근하다

손금 위로 잠든 시간이 먼지처럼

쌓이거나 흩어질 때 손가락이 자꾸 길어진다

멈춰진 오후 두 시가 몇 년째 흐르고 있다

아직 플라타너스 달팽이

공식적인 보도가 없는 사건 사고를 읽고
누런 얼룩을 떠올린다
아직, 가지 않은 비 때문에
아직, 오지 않은 어둠 때문에
물기 젖은 가지는
건조하게 말라가는 달팽이 풀어놓고
버짐 번지는 몸통 위로
뒤집히는 나뭇잎들이 소란스럽다
집요함이 넘쳐 사랑이 된다는 거
약속되지 않은 고달픔이 오히려 찬란하다고
가지에 매달린 허공 떠돌던 소문들
달팽이 등으로 떨어진다
등이 한껏 두툼하게 부풀어 올라
단단하게 굳어간다
읽지 못하는 소리는 보도블록 위로 뽈뽈이 흩어진다
눈물의 속도로 달려가는 달팽이
기울어진 한쪽 어깨와 비스듬한 등이 친근하게
아직, 플라타너스 아래

그늘의 틈

 붉은 소식이다 가끔 찢어진 이야기가 전달되기도 하는 낯익은 전언이다 땡볕에 몸을 날린 흔적들은 비가 오자 아예 눌러앉았다 몇 날 며칠을 담벼락 아래서 붉게 찢어진 이야기를 듣느라 그늘의 오금이 저린다 너는 곱슬머리 파란 티를 떠올린다 엉겅퀴가 만발하던 기찻길 옆으로 우울은 가시처럼 자라났고 일정 기간 동안 너의 웃자란 가시와 파란 티셔츠는 엉겅퀴처럼 들러붙어 떨어지지 않았다 그리고 가끔 울렁거리는 속을 뒤집고 한 계절 내내 구토를 쏟았다 너의 등이 굽었는지 눈이 난시였는지 변하지 않는 거짓말은 달콤하지 않아 기억에 없지만 빨간 날짜에 쳐진 동그라미, 이렇게 떠나버렸다

관념이 관절을 앓고 있는 저녁

갈고리 달린 부츠가 걸어와 식탁에 앉는다

매서운 바람을 맞서며 사막을 지나온 구름
단정한 어깨는 한쪽으로 기운다는데
어느 쪽도 아닌 경계의 직립
구름을 빠져나온 어깨가
도마 위에서 일정한 크기로 저며지고 있다

찢어진 구름을 정리하는 것은 유쾌한 일이 아니지
실패한 연애보다는 짜릿하지만
구겨진 일기에 떠오른 선홍빛은
철마다 끄집어내는 고독한 이야기
유행 지난 가사처럼 어둠 속을 유영한다
문장이 지나가자 얼룩이 되는 걸
너와 그만이 알 수 있는 기호처럼
단단한 씨앗을 품은 경계가 되었다

한 장의 그림으로 식탁보가 되고

달력이 되고
허공을 향해 다시 펄럭이는
마주할 때마다 아직 낯선 경건한 식탁에서
정리되지 않은 구름을 마주하는 것이다

호두까기

 기억의 회로는 일정하지 않아 엉킨 구름을 펴지도 못하는 손가락 무엇에 쓸 것인가 어제는 바람을 맞고 눈물을 흘리고 우울을 가장한 조루증을 벽에 처바르며 빈대떡을 먹었지 기름진 녹두에 검은콩이 살짝 비치기도 했는데 기억의 회로는 여기까지, 연두 바람이 불어오고 깊지 않은 강을 건너는 밤이었을까 소문을 저장한 호두를 망치로 쪼개는 거겠지 꼬불거리는 알맹이를 꺼내 탁자 위에 놓고 기억을 더듬었겠지 빨간 치마 광나는 구두가 너덜거리며 뛰어다니거나 덜 익은 단어가 흔들리는 아침 휘어진 소나무가 훌쩍 허리를 펴고 있겠지 이야기가 튀어 나오는 알맹이를 들여다보니 좁은 골 사이로 뻐근한 심장이 다시 뛰고 있겠지

괜찮지 않을까

 너의 상상은 오즈로 날아간 마법사 지팡이도 없는 허리를 안아 본 적 있어 어색한 변명이 달콤해지는 저녁 우린 서로를 기억하기로 한다 괜찮지 않을까 양치질을 할 수 있다면 느닷없이 짐을 싸고 샹그릴라로 떠날 수 있겠다 연두가 자란다는 고원을 지나 뱀들이 살고 있는 저녁 무렵 패랭이꽃을 마주한다면 허물을 벗고 쉴 수 있겠다 약간은 딱딱하고 우울한 얼룩 몇 개 말라가는 선인장에 걸어둔다면 그대로 괜찮지 않을까 지층 덩어리처럼 눌러앉아 잠이 들어도 바람의 눈을 피해 한 줌 돌멩이로 굴러 다녀도

멍

내 몸에 물고기가 살고 있다
짧은 겨드랑이를 너풀거리며 헤엄치는 뒤통수가 야물게 둥글다 모세혈관을 타고 유영할 때면 힘줄이 툭 불거지기도 한다 손등을 지나 손목을 타고 오르는 간질거림 미세하게 심장을 두드린다 중심을 벗어난 고독처럼 낡은 비늘이 떨어질 때
꽃이 지고 겨울이 왔다

목욕탕 온탕 속에 물고기를 풀어놓는다
물에 멍이 든다 미열처럼 붉은 열기가 몸 밖으로 번진다 달아오르는 열기를 안고 바닥에 누우면 푸른 물고기들이 손가락 사이로 흘러나온다 손마디가 쑤시고 몸이 저려온다 물이 아프다 씨방도 없고 뿌리도 없는 물속에
푸른 꽃이 피었다

해설

불균형으로 날아가는 세계,
지금 여기로부터

이승희 시인

　어느 날 깨어보니 사방이 절벽일 때가 있다. 나는 그 끝에 서 있거나 혹은 내가 나를 볼 수 없다. 어제의 나는 누구이고 오늘의 나는 또 누구인가. 아니, 오늘의 나를 나라고 할 수 있는 것은 무엇인가. 이러한 질문에 대해 명확한 답을 내리기는 어렵다. 아니 불가능할지 모른다. 그러나 적어도 이런 질문을 통해 우리는 이 세계에 대해 하나의 동등한 존재자로서 자신을 성찰하거나 인식할 수 있다는 점에서 매우 중요하다. 더욱 의미 있는 것은 그러한 과정을 통해 거짓 없이 존재를 확인하는 일, 없는 나 혹은 파편화된 나를 찾아 조각 퍼즐을 맞추는 일, 그래도 나는 완성되지 않을 것을 알면서도 밀어대는 꿈, 어쩌면 그것이 살아가는 일이고 시를 쓰는 이유인지도 모른다. 조연수의 시에서는 그러한 아득함이 절실함으로, 그러한 절실함을 바탕으로 솔직하면서도 과감하기도 한 '자아' 찾기가 집요하게 펼쳐진다. 이러한 탐색은 일상을 바탕으로 하면서도 이를 비틀어 다양한 시각과 이미지를 새롭게 보여준다는 것에 주목할 필요가 있다. 따라서 조연수의 시는 익숙한 일상을 바탕으로 하면서 그것의 근원과 이유를 묻는 동시에 그것을 통해 자신의 존재 찾기라는 기본 형태를 띤다. 더불어 존재 찾기를 넘어 시인이 꿈꾸는 새로운 미래에 대한 탐색을 멈추지 않고 있다는 점에서 불안의 증식을 통한 세계 넘어서기를 시도한다고도 볼 수 있을 것이다.

삶 속에서 자신의 존재를 확인하는 일 혹은 부재를 확인하는 일은 고통스러울 수밖에 없다. 조연수의 시에서는 자신의 부재를 끊임없이 확인하는 데 더 몰두하고 있다. 그런 부재의 확인을 통해 역설적으로 드러나는 존재로서의 자신을 찾아가는 길, 조연수의 시는 그런 길 위에 서 있다. 자신의 부재를 확인하는 과정은 더불어 자신이 꿈꾸는 삶에 대한 다른 이름이기도 하다. 그러나 시인이 꿈꾸는 세계와 지금의 현실은 맞닿아 있지 않다. 비극은 거기에서부터 시작된다. 그 두 세계 사이의 간극을 확인하고, 그 사이의 단절 속으로 과감하게 몸의 촉수를 넣어보는 것, 어느 한순간 제 몸을 내어줄 수도 있다는 비극적 비장

함이 다양한 형태로 나타난다. 그럼에도 자신의 세계에 대해 끝까지 믿음을 버리지 않고 있다. 그것은 헛된 희망으로서가 아니라 솔직한 절망으로서 자신을 드러냄으로써 점차 이 세계 속에서 자신의 세계를 새롭게 만들어간다는 점에서 조연수 시의 남다름을 발견할 수 있다.

또한 자신의 부재를 확인하는 과정은 매우 치열하고 과감한 방식으로 진행된다. 그러한 과감함은 정직하게 자신을 바라보는 것을 바탕으로 한다는 점에서 시적인 진정성으로 읽히는 것도 그 가감 없음에서 기인하는 게 아닌가 싶다. 그러나 그러한 가감 없음은 일상을 있는 그대로 보여주는 데에서 한 발 나아가 삶의 이면에 대해서도 섬세한 촉수를 뻗고 있다. 드러난 것 이상의 드러나지 않은 이면의 그림자까지를 보고 있는 것이다. 그러한 자아의 퍼즐 찾기는 매우 고통스럽다. 이제 희미한 무늬로 남은 상처조차 아프고, 때론 자신을 부정해야 할 때도 있기 때문이다.

너의 오늘은 싱싱한 오이무침으로 시작한다 몇 년 동안 이어진 고무줄 같은 아침 묵히면 묵힐수록 빛나는 것도 있지만 헐거워져 탄력 사라진 바나나 건전한 생활이 뭔지 일주일에 두 번은 집에 들어오는 거 본디 너의 생이 지나는 길은 울퉁불퉁하게 진물 나는 바나나 아직 도착하지 못한 어느 행성을 향해 시간을 채우지 못한 생들이 바짝 묶어가고 바다는 멀고 바나나는 점점 검어지고 검은 밤이라도 밝힐 수 있다면 아직 뛰는 심장을 안고 좁디좁은 오솔길을 걸어 이 나무 밑에 서 있는 것이다 모여든 초파리가 진물을 핥아 먹는 동안 물러진 살들이 검게 익어간다 익은 시간들이 말라가는 탁자 위로 물오른 초파리들 아직 날지 못한 허공도 너무 많은데 질척거리는 살 위를 떠날 줄 모른다

―「오랜 시간 바나나」 전문

  연필심에 침 묻혀가며 한 글자 한 글자 또박또박 쓰던 시절이 있기는 했다. 아니 있기는 했던가 싶다. 일상 속에서 사물화 되어가는 자신을 만나는 일은 고통스럽다. 나는 도대체 언제 여기까지 떠밀려왔을까. 도대체 여기는 어디인가에 대한 질문은 자신의 존재를 바라보는 첫걸음이다. 조연수의 시에서 그러한 질문은 멀리서 오지 않는다. 그것은 바로 오늘 아침, 지금 내 앞에 펼쳐진 일상으로부터 온다.

  왜 우리 삶은 오래될수록 자신에게 가까워지지 않고 멀어지는가. 내가 걸어온 방향은 왜 절벽이고(야) 마는가에 대한 자각은 지금의 삶에 대한 혐오스러움을 동반한다. "묵히면 묵힐수록 빛나는 것도 있지만 헐거워져 탄력 사라진 바나나"가 있고, 급기야 "생이 지나는 길은 울퉁불퉁

하게 진물"이 나고, 나는 여전히 어느 행성에도 도착하지 못한 채 짓물러간다. 그러나 아직 "바다는 멀고" "바나나는 점점 검어지지"만 그래서 밝힐 수 있는 "검은 밤이라도 밝힐 수 있다면"이라는 희망을 아주 놓지는 않는다. 아직 뛰는 심장이 있기 때문이다.

  그렇다. 고통에 대한 자각은 살아 있음을 전제로 한다. 이 현실을 자각하지 못하는 것이 죽음이라는 역설이 가능해지는 것이다. 이 같은 자아 인식은 「구토」에서도 나타난다. "속에서 울컥 어제 먹은 살 목구멍을 치받고//위벽에 눌어붙은 살, 출처를 알지 못하는 살들이 두두두 뜯겨져 나오고//돼지꼬리처럼갈래로흩어진어둠속에서목구멍에걸린헛꿈들은아프고" 결국 이 삶은 '목구멍에 걸린 헛된 꿈'일지도 모른다. 이 같은 현실 인식을 통해 조연수 시인은 스스로 자신의 징례식장을 만들어낸다. 여기에 이르러 조연수 시인은 헛된 희망을 말하기보다는 이제 어디쯤에서 자신을 혹은 자신이라고 덧씌워진 것들을 아예 부정하거나 지워내려 한다. 이러한 자기부정은 그러한 과정을 통해서 비로소 가감 없이 자신을 보려고 하는 때문이다.

    상쾌한 어둠이에요 소란스런 발소리는 계단에서 굴러 떨어진 지 오래, 밤은 늘 근엄하시구요

아직도 달에 도착하지 못한 어린왕자, 눈알을 빼서 팔아먹었다는 소문이 낙엽처럼 길가에 뒹구네요

장례식이 진행되는 동안

허름한 나무들은 알몸으로 거리를 붙들고 서 있어요

경쾌하게 오줌을 갈기는 개를 지나 고양이는 옥상으로 올라가구요

찢어진 바람을 끌어 모으는 종이는 잃어버린 문장이 너무 많다고 투덜거려요

지도에 없는 길은 좁고 어두워 그곳을 지나는 구두는 빨리 늙어간다는군요

감기에 걸린 지갑 추레하게 조의금 꺼내고 구두의 낡은 끈 더듬어 매듭을 풀어주어요

길고 지루한 터널 지나온 낡은 몸 벌려 긴 숨 내쉬고 있네요

적당히 주름 두드려 약을 바르고 양지쪽으로 나란히 놓아

주어요

맨드라미 손가락 펴고 하늘 받치고 있는

여긴, 달 한가운데 토끼가 그네 타던 놀이터 모래밭

나의 장례식장

―「구두 장례식」 전문

개인을 둘러싼 세계는 모든 게 불안하다. 그것은 시인에게도 마찬가지다. 모든 세계는 완강하고 개인의 내면에서 늘 폭력적일 수밖에 없기 때문이다. 기다리는 것은 오지 않고, 나를 둘러싼 상황들은 불길한 소문처럼 떠돈다. 도무시 '나'를 나라고 부를 수 있는 근거는 어디에 있는가. 길은 모호하고 시인은 "지도에 없는 길"을 간다. 거기는 "좁고 어두워 그곳을 지나는 구두는 빨리 늙어간다"고 고백한다. 어떠한 균형도 없고 혼란스럽다. 나를 찾는 일은 내가 누구인가를 먼저 아는 일이고 나를 알기 위해선 내가 아닌 것들을 먼저 확인하는 일이 되기도 한다.

시인은 또 다른 시 「나의 왼쪽을 쓰다듬는 일」에서 "균형으로부터 점점 멀어질수록/더 단단하게 균형을 잡는 나의 비스듬한 왼쪽"이라고 말하고 있다. 균형의 문제는 시인에게 매우 중요한 부분으로 보인다. 다만 이 균형이라는 것은 좌우대칭을 말하지는 않는다. 어느 한쪽으로의 기울어짐이 꼭 불균형은 아니다. 대개의 씨앗들은 불균형으로 인해 더 멀리 날아간다. 어느 정도의 기울기가 살아 있는 균형, 거기로부터 우리 삶은 다르게 의미되고 인식되기 때문이다.

 이러한 불균형의 균형은 그러한 균형의 유지가 어렵고 항상 불안할 수밖에 없다. 그러므로 이 불안과의 동거 혹은 싸움은 조연수의 시세계를 전반적으로 보여주는 것이라고 할 수 있다. 또한 조연수 시인의 시세계가 지향하는 바의 일단을 살펴볼 수도 있는 매우 중요한 부분이다. 그것은 삶의 균형성이 일반화된 어떤 것이 아니라는 것에서부터 출발한 것으로 오늘의 균형이 내일 달라질 수 있고, 내일의 균형이 꼭 오늘의 내가 꿈꾸는 세계는 아니라는 유기적으로 살아 있는 균형의 세계이기 때문이다. 그것은 지금의 이러한 불균형과 불안이 어쩌면 진정 살아 있는 균형적인 세계일 수도 있다는 남다른 인식을 보이는 때문이기도 하다. 이러한 불균형의 근원은 유년에 대한 기억을 다룬 몇몇의 시편에서도 찾아볼 수 있다.

 뱀꽃은 우물 속에서
 마루 아래 댓돌 밑에서 쑥쑥 자랐어요

발바닥이 가려워지면

누군가 내 등을 더듬고 손톱을 깎아주고

머리를 땋아주고 동산에 올라가고

그런 밤엔 습관처럼 요동치는 심장에

뱀꽃을 꺾어 비비대며 잠이 들었지요

지루하고 느리게 지나던 시간들

꿈에선

온몸을 끈적이는 혓바닥이 날름거려요

물뱀 때문이라고 생각했지만 웃을 수가 없어요

까르르 소리를 내려고 하면

겨드랑이로 사타구니로

물이 쏟아져 나와요

밤마다 뱀이 지나간 자리에 꽃이 폈어요

손등에 발목에

잘근잘근 피를 퍼 올려

파란 꽃을 피워대고 있어요

방죽에서 머리를 흔들던 뱀들은

자주 가슴에서 죽은 채 발견되었죠

비늘처럼 미끈거리는 가슴이

봉긋 아파오던 날의 휘파람처럼

―「웃는 뱀」 부분

유년 혹은 사춘기 시절의 시인의 정서를 보여주는 이러한 시편들은 시집 전편에 걸쳐 몇 편 되지 않지만 다른 시들과는 확연하게 구분된다는 점에서 주목할 필요가 있다. 현재적 삶이 모호한 세계에서의 나를 찾아가는 데 집중된 싸움이라면 유년의 세계는 그런 모호함이 몽환적이고, 그런 몽환은 알 수 없는 심연을 들여다보는 듯 왠지 슬프다. 그런 슬픔의 근원에는 능동적이지 못한 세계에 순응하는 모습으로 그려지는 유년이 있다. 그러나 그 순응 또한 적극적이지 않다는 점에서 그것은 자발적 순응이기보다는 어떤 환경에 의해 의도적이지 않게 이루어진 것으로 보이고, 따라서 거부하거나 부정하지 못한 채 받아들일 수밖에 없다는 점에서 결과적으로 그 세계 또한 나름의 폭력성을 가진 것이다.

이 같은 내용은 또 다른 시 「첫눈이 오는 전의역」에서도 살펴볼 수 있다. "기차역 계단에 쭈쭈바를 빨며 모자를 눌러쓴 너는 혼자"이며, "손끝에 봉숭아물이 한 방울씩 떨어지고 있었지만 알지 못"한 채 "계단을 오르"고, "기차가 들어오는 플랫폼에서 상기된 얼굴로 올라타는 넌 발밑에 점점이 찍힌 붉은 자국을 보지 못했"다. 그리고 그 모든 것은 "첫눈이 오는 전의역으로 간다는 사실"로 모아진다. 어느 한 시절의 풍경을 아주 담담하게 보여주고 있는 이 시에 '첫눈이 오는 전의역'은 소녀가 꿈꾸는 어떤 세계이다. 이를 통해 시인은 현재도 여전히 그 세계에 대한 동경과 희망의 오랜 근원을 보여준다. 유년의 세계 속에서 어떤 힘에 의해 수동적인 존재였다면 현재 속에서의 시인은 이제 그 세계에 대항하는 것으로 달라져 있다는 점이 다르다. 그러한 시간 이동을 보여주는 시가 있다. 「붉은 유년기」에서는 현재의 화자로서 말하고 있다.

골목 끝에 살던 여자는 샐비어를 따 먹으며 매일 기차가 지나는 둑에 앉아 있었다 침을 뱉으며 풀을 뜯다가 다시 침을 뱉고 손톱을 물어뜯었다 아는 게 많으면 허망한 것도 많지 여자의 흘러내린 브래지어를 누구도 올려주지 않았다 산발한 머리 빨간 치마에는 도깨비바늘이 무늬처럼 붙어 있었다

여자는 어디로 갔을까 샐비어가 피는 계절이었다 골목을 들어서다 꽃을 따 먹는다 가끔 길이 펼쳐진다 샐비어 끝으로 달짝지근한 물이 떨어지고 다리를 감은 빨간 치마 밑에서 여자의 웃음이 상큼하게 흐른다 새들이 서둘러 골목을 벗어난다

새들이 보듬지 않은 시간은 두툼하게 귀를 닮아가고 여자의 부른 배는 벚나무에 걸렸다 여자의 심장이 뛰고 있다고 믿는 것인가 바람은 빨간 치마에 매달려 여자를 깨운다 누런 광목천이 가지를 흔들자 새들이 날아오른다 목 졸린 시간이

비릿하게 떨어진다

　　　　　　　　—「붉은 유년기」 전문

　현재적 삶의 반응에 있어서는 매우 도전적인 모습을 보이는 표현들이 다수지만 유년 혹은 과거적 삶을 바라보는 시인의 시각은 매우 다정하고 따뜻하다. 그것은 일정 부분 스스로에 대한 거리를 보여주는 부분이다. 지금의 세계가 가혹할수록, 이 세계와의 싸움이 치열해질수록 돌아보는 세계, 비록 그 세계에서조차 빛나는 존재는 아니었다 하더라도 그런 기억은 오늘 자신의 좌표를 읽어낼 수 있는 중요한 지점이기 때문이다. 「붉은 유년기」에서는 과거와 현재가 묘하게 공존하는 형태를 보인다. 그러나 그 시절의 기억은 이제 다른 모습으로 나타난다. 여자는 사라지고, "가끔 다른 길이 펼쳐"지는 것이다. 내가 살고자 했던 한 세계가 희미해지고 나는 그대로인데 이 세계는 나를 지우고 간다. 시인은 그런 현실을 아프게, 그러나 담담히 바라본다.

　다정하게 말하지 말아요 일자 주름과 거친 손마디가 정들겠어요 달콤한 바나나처럼 웃지 말아요 누런 이빨과 털북숭이 허벅지를 핥고 싶어져요 거짓말에 꼬여 살아온 시간이 얼마나 되는지 알고나 있는지 투정 부릴 때마다 뼈다귀 하나 애교 부릴 때면 껌 하나 그것들 뜯느라 세월 가는 줄 몰랐어요 관절이 우두둑거리고 머리가 무거워 45도 각도로 기울이고 다닐 때면 헛살았다 싶어요 폭신한 소파에 누워 시간을 보내야 하는 운명도 기가 막히지요 누군 말해요 상팔자라고 그런데 자꾸 눈물이 흐르는 건 나이 탓인가요 언젠가 푸른 하늘을 보고 풀밭에 누워 있던 때가 있었어요 뛰고 싶었어요 저 강을 건너 마음껏 달리고 싶었어요 자꾸 졸려요 노환이라고 쓰다듬는 손길이 느껴져요 가만히 잠을 자야겠지요 건너 소파에 주인 남자도 졸고 있네요 무슨 꿈을 꾸는 걸까요?

―「오후 두 시쯤」 전문

  욕망은 달콤하다. 세상의 모든 논리는 나에게 그런 게 아니라고 말한다. 그렇지만 그게 아닌 게 아니다. 그것은 '서싯말에 꼬여' 실아온 세월, 세상이 말하는 균형이 삶이 세계의 전부라고 믿었던 시간에 대한 자각은 이 세계에 대한 환멸을 동반한다. 그러한 환멸을 통해 시인은 여전히 자신의 내면에 살아 있는 자신을 느끼고 확인하게 된다. 그것은 지금 이 세계에 대한 환멸이 깊어질수록 비례해서 아프게 살아나는 또 다른 시인의 세계이다. 그 두 세계의 간극에서 그녀는 자주 길을 잃는다.

  "구겨지고 변질된 플라스틱 상자와 썩은 종이들이/안전하게 그물망에 올라앉아 있다/젖은 운동화를 끌고 그물망을 어슬렁거리는 발자국/가는 길마다 막다른 골목이었다/눈물 섞인 외침을 누구도 들어주지 않았던/안, 전, 하, 다, 니/안전지대 팻말 앞에 웅크리고 앉는다/뾰족하게 날 세울 등도 없으니/슬쩍 햇살을 등지고 안전지대로 올라타 볼까"(「사거리 고물상」 부분). 이제 버려진 것들이 안전하다. 변질되고, 썩어서 안전하다. 뒤집어보면 안전한 것들은 다 썩은 것들이다. 그러므로 또다시 살아 있는 것들은 위험하다. 그렇다면 나는 살아 있는가. 시인에게는 "뾰족하게 날 세울 등도 없다". 그러므로 죽은 것이고 안전하다는 인식은 얼마나 비극적인가.

> 흔들리는 못을 빼서 다시 박는다
> 헐거워진 구멍은 시멘트 가루를 흘려보낸다
> 못을 향한 망치의 두드림, 커질수록
> 벽의 구멍은 더 느슨하고 못은 휘어진다
> 받아주는 것이 없다는 것이
> 몰래 창을 넘은 햇살처럼 문득 서글프다
> 적막함이 소리를 가져가듯
> 못이 바닥에 덩그러니
> 망치와 휘어진 못과 시멘트 가루 떨어지는 벽이
> 일정한 균열을 이루며 침묵한다
> ―「침착한 균열」 부분

거의 대부분의 시에서 보이는 허무와 비극의 세계 인식을 통해서도 조연수 시인은 자신을 아주 놓지는 않는다. 그것은 그러한 세계 인식을 통해 그 반대편의 자신의 존재를 인식하는 동시에 그에 대한 반응을 꿈꾸고 있기 때문이다. 일상을 비롯하여 내 존재를 둘러싼 모든 것이 불안하고 언제나 그러한 폐허 속에 있는 자신을 확인하려는 시도는 이미 이 세계에 대한 침착한 대응이 되는 것이다. '흔들리는 못을 빼서 다시 박는' 행위는 더디더라도 잘못된 것을 정직하게 되돌려놓는 일이다. 그러한 과정은 아프고 때로 많은 것을 잃게 된다. 그리고 그러한 과정을 통해 무엇을 얻을 수 있는지, 과연 되돌릴 수 있는지에 대한 어떤 확신도 없다. 고독과 적막, 그것만이 오롯하다. 이것은 또 다른 시 「아마, 토마토」를 통해서도 보다 분명하게 드러난다.

토마토가 흘러내리는 식탁에 앉아 있었어 달콤하지도 쓸쓸하지도 않았지 처음부터 그걸 먹으려는 의도는 없었어 여하튼, 이야기는 그렇게 시작된 거야 식탁에서 흘러내리는 토마토를 기억하겠지만 첫 만남은 갓 연두를 벗어난 붉은 짭짤이 토마토 울룩불룩 포즈로 접시에 담겨 있었어 연애의 시작은 이런 거였지 붉지 않아도 붉게 터질 거라고 상상하는,

그래도 토마토였기 때문일 거야

토마토가 흐르는 식탁 위로 날카로운 발톱을 숨긴 낯선 고요가 터지는 밤이었지 식탁은 지루하게 토마토즙을 받아내고 있었거든 수많은 연애 사건이 터질 때마다 식탁에 그려진 침묵은 사각기둥이 되고 벽이 되었지 번개가 친 건 그때였어 시도 때도 없는 탱탱한 울림 적응이 안 된 내 피부는 축 늘어지고 말았어 파란 연애를 하기엔 부족한 시간,

짧은 문장만 남기고 시들어가고 말았지

살짝 질긴 껍질을 걷어내고 쌉싸름한 물방울들이 터지면 건강한 웃음이 시작된다는데 붉게 터지는 그게 파란 연애라고 하기엔 무언가 어설퍼 연두를 건너 붉음으로 소란스런 달빛을 맞으며 붉게 타오르기 시작한 심장을 받아주기에 아직 밤이 지나지 않았지 그러저럭 시간을 돌돌 말아 웅크리고 있는,

붉은 아마, 토마토
─「아마, 토마토」 전문

연애는 기본적으로 극복이 아니라 이해에 있다고 믿는다. 우리가 시를 쓰는 이유도 "연애의 시작은 이런 거였지

붉지 않아도 붉게 터질 거라고 상상"하듯, 불화가 아니라 불화를 넘어선 무엇을 갈구하기 때문이다. 불화의 세계를 온전히 받아내는 식탁은 그 불화의 세계 너머를 꿈꾸며 견디는 자이다. 그 견딤은 지독하게 외롭고, 기다림은 길어진다. 길어지며 투명을 꿈꾼다. '보이는 것'은 보이는 것을 통해 보이지 않는 것을 위장하고 있다. 중요한 것은 그 보이지 않는 것의 중심에 닿는 일이다. 토마토는 그렇게 익어가고, 식탁은 그것을 기다릴 줄 안다. 그러나 단순히 기다리기만 하는 것은 아니다. 움직이지 않는 것은 스스로 투명해질 수 없다.

    갈색 눈동자와 마주친다 도망가지 마 깜박이지 말고 십 초만 참아 금방 도착한다니까 홀연히 그림자 따라 나온다 붉은 골목 그 골목을 뛰어가는 레이스 발목 거칠게 흔들리는 기침 소리 놀이터의 빈 그네 뒤로 아직 어두운 아침이 지난다 그림자가 거실 벽을 타고 오르며 비척비척 검은 숲을 만든다

    가지를 헤치며 여자는 숲속으로 들어간다 휙 하이에나 무리가 지나간다 이빨 뽑힌 하이에나라니 오래전 이 숲을 동경하며 읽은 책의 문장을 떠올린다 두려움이 너를 죽인다 애초에 시작된 기억에는 설렘이나 두려움 따위는 없다 익숙한 일상의 귀환 느리게 생을 살겠다고 말하는 철학자의 입술이 이

미 파랗게 변했다 눈 깜짝할 사이에 벌어진 일이라 아직 달
리고 있다고 믿는 달팽이의 착각도 숲으로 들어간다
―「달팽이의 착각」부분

  달팽이는 아주 느리지만 멈추지 않는다. 멈추는 순간 달팽이는 말라가고 그것은 곧 세계의 끝이다. 달팽이가 향하는 곳이 어디인가는 지금 중요하지 않다. 비록 그것이 정체를 알 수 없는 '검은 숲'인들 어떠한가. 중요한 것은 멈추지 않고 움직인다는 것. 어쩌면 이 세계는 시소와 같다. 시소는 오르고 내릴 때 그 존재 가치를 갖는다. 양쪽의 무게가 같아서 움직임이 없다면 시소의 세계는 성립되지 않는다. 조연수 시인의 시를 통해 새롭게 발견하는 세계 인식이 그것이다. 중요한 것은 시소의 세계처럼 그 과정에 있다. 우리의 삶은 그 과정을 말하는 것이지, 그 끝에 대해 말할 수 있는 것은 거의 없다. 그러나 그러한 과정이란 결국 끝에 대한 이야기이기도 하다. 정직하게 일관된 움직임으로 한 방향을 보고 나아가는 것, 조연수 시인의 세계가 이번 첫 시집을 통해 이렇게 보였다. "설렘이나 두려움 따위"가 아닌 "느리게", 그러나 분명하게 이 세계를 건너갈 것을 믿는 것도 그러한 과정에서 보이는 시인의 정직한 세계 인식에 있다.

이 도서의 국립중앙도서관 출판시도서목록(CIP)은 서지정보유통지원시스템 홈페이지(http://seoji.nl.go.kr)와 국가자료공동목록시스템(http://www.nl.go.kr/kolisnet)에서 이용하실 수 있습니다.(CIP제어번호: CIP2013019237)

문학의전당 시인선 166

아마, 토마토

ⓒ 조연수

초판 1쇄 인쇄	2013년 10월 22일
초판 1쇄 발행	2013년 10월 29일
지은이	조연수
펴낸이	김석봉
책임편집	이현호
디자인	조동욱
펴낸곳	문학의전당
출판등록	제311-2012-000043호
주소	서울시 은평구 연서로11길 7-5 401호
편집실	서울시 마포구 공덕2동 404 풍림VIP빌딩 413호
전화	02-852-1977
팩스	02-852-1978
블로그	http://blog.naver.com/mhjd2003
전자우편	sbpoem@naver.com

ISBN 978-89-98096-47-2 03810

*이 책의 판권은 지은이와 문학의전당에 있습니다.
*양측의 서면 동의 없는 무단 전재 및 복제를 금합니다.
*잘못 만들어진 책은 바꿔드립니다.
*이 시집은 2013년 인천문화재단 창작지원금을 받아 제작되었습니다.